Sarah Emmanuelle Burg wurde im Elsass geboren. Sie besuchte die Kunstakademie Le Quai, école supérieure d'art in Mulhouse. Seit 2001 zeigt sie ihre Arbeiten in diversen Ausstellungen. Sie teilt ihre Liebe zu Geschichten und Bildern mit Kindern, für die sie Veranstaltungen an Schulen anbietet. Heute lebt sie mit ihrer Familie in Baden-Württemberg.

Kleine Bilderbuchausgabe 2015
© 2005 NordSüd Verlag AG, Franklinstrasse 23, CH-8050 Zürich
Alle Rechte, auch die der Bearbeitung oder auszugsweisen
Vervielfältigung, gleich durch welche Medien, vorbehalten
Druck: Optimal Media, Röbel/Müritz, Deutschland
ISBN 978-3-314-10279-0

3. Auflage 2022
www.nord-sued.com

Bei Fragen, Wünschen oder Anregungen schreiben
Sie bitte an: info@nord-sued.com

Der NordSüd Verlag wird vom Bundesamt für Kultur mit einem
Strukturbeitrag für die Jahre 2021–2024 unterstützt.

Bravo, kleines Huhn!

Sarah Emmanuelle Burg

An einem schönen
Frühlingstag kam der
Hase zum jungen Huhn
und bat:
»Bitte, lege ein Ei für
mich!«

»Ich?«, staunte das
junge Huhn. »Ich kann
doch keine Eier legen!
Dazu bin ich noch
zu klein.
Aber wenn du unbedingt
ein Ei brauchst, Hase,
fragen wir doch
das große ...

Pferd!

»Hallo, Pferd. Lege doch
bitte ein Ei für uns.«

»Ich? Ich lege doch
keine Eier!
Ich bin zum Reiten hier«,
sagte das Pferd und
wieherte laut.

»Komm, Hase, ich weiß,
wen wir noch fragen
können, das rosige ...

Schwein!

»Liebes Schwein, legst
du für uns bitte ein Ei?«

»Ich? Ich kann doch
keine Eier legen!
Ich kümmere mich um
meine Ferkelchen«,
erklärte das Schwein
und grunzte zufrieden.

»Komm, Hase, um ein
Ei zu bekommen, fragen
wir doch einfach das
gemütliche ...

Schaf!

»Liebes Schaf, lege bitte ein Ei für uns.«

»Ich? Ich kann doch keine Eier legen! Ich gebe dem Bauern meine Wolle«, belehrte sie das Schaf und blökte laut.

»Schon gut, Schaf. Dann fragen wir eben die gut- mütige ...

Kuh!

»Guten Tag, liebe Kuh.
Sei doch so nett und
lege für uns ein Ei.«

»Ich? Ich kann doch
keine Eier legen!
Weißt du, ich gebe
dem Bauern Milch«,
sagte die Kuh und
muhte zufrieden.

»Dann, Hase, fragen
wir eben den lustigen ...

Maulwurf!

»Hallo, lustiger
Maulwurf! Kannst du
uns bitte schnell ein
Ei legen?«

»Ich? Ich lege doch
keine Eier, haha!
Ich muss unter der
Erde lange Gänge graben.
Aber schaut her, fragt
doch den dort, den …

Wolf!

»Komm!«,
rief der Hase entsetzt.

Und sie rannten davon.

Das kleine Huhn
stürmte zu den ...

Hühnern!

»Liebe, liebe Hühner, legt doch ganz schnell ein Ei für mich«, bat das kleine Huhn außer Atem.

»Wir? Du bist doch jetzt groß genug, um selber zu legen. Du musst nur fest drücken und drücken und drücken ...«

Und es drückte ganz
fest!

»Hase!«, rief das Huhn stolz. »Ich habe ein Ei für dich gelegt. Mein erstes Ei!«
»Bravo, kleines Huhn!«, rief der Hase freudig.

»Wozu brauchst du eigentlich ein Ei?«, fragte das Huhn. Verschmitzt antwortete der Hase: »Das, mein liebes, großes Huhn, ist mein Geheimnis.«